Place Jemâa el Fna
Marrakech

Collection
ÉVASION

Place Jemâa el Fna
Marrakech

TEXTES

OUIDAD TEBBAA
MOHAMMED FAÏZ

PHOTOS

ANTOINE LORGNIER
CHARLES ROSSIGNOL
HASSAN NADIM

GEORGES
NAEF

Coca-Cola

Sommaire

Racines

Par Tayed Saddiki

Il faut réapprendre à regarder
Ô Baladins anonymes de la place Jamâa el Fna
Montreurs de singes savants,
De serpents amoindris,
De pigeons fidèles,
Lecteurs attendris d'un geste inaccompli,
Ô sept Saints-Patrons
Caracolant,
Traquant au bout de vos ghaïtas agiles la racine
profonde du cri.
Se culbutant, domestiquant pour un moment la mort au
coin de vos sourires aux dents de loup, ouvrant les
portes de vos bsats à la cravache blanche de
l'imagination, ô Boujloud, prince déchu et vous
vieillards facétieux.
Toutes les scènes du Maroc saluent en vous les saints,
très saints imitateurs à l'innocence du monde.

Voici l'heure où, sous le feu de vos passions
croisées, la scène se remplit de ses latences.
Soyez nos guides, ô Pirates du futur,
Gonflez nos voiles, Alizés de l'imagination
Sous le vent des monts Atlas
Soyez pour nous la tentation
Qui stimule, la tradition qui se réinvente, le visage
connu qui enracine.
Ô Baladins anonymes, troubadours de la place fauve,
nous réapprendrons le regard pour qu'à jamais vous
restiez l'équinoxe de tous nos printemps.

Restaurant
Glaces Maison

Restaurant
Glaces Maison

Premier patrimoine oral de l'humanité

Extraits du discours d'ouverture de la réunion du jury pour la proclamation des chefs-d'œuvre du Patrimoine Oral et Immatériel de l'Humanité prononcé par Juan Goytisolo en mai 2001.

Il y a toujours foule sur la place pour regarder, encourager, rire et applaudir les multiples groupes de saltimbanques, musiciens, acrobates et autres charmeurs de serpents qui viennent s'y produire.

Si, comme l'indiquent les données dont je dispose, l'existence de l'Homo sapiens et l'apparition consécutive du langage remontent à quelque quarante ou cinquante mille ans, les premières manifestations écrites se situent vers 3500 avant Jésus-Christ, date des inscriptions sumériennes en Mésopotamie. Autrement dit, la période à laquelle correspond " l'oralité primaire " - ainsi nommée par Walter Ong dans son œuvre fondamentale sur la question - est presque dix fois plus longue que celle de l'écriture. À ces chiffres révélateurs de l'ancienneté du patrimoine oral de l'espèce humaine, nous devons ajouter d'autres facteurs qui nous aident à comprendre l'interaction entre tradition orale et expression écrite, et le déséquilibre croissant qui la caractérise : sur trois mille langues parlées aujourd'hui dans le monde, seules 78 possèdent une littérature vivante, fondée sur l'un des 106 alphabets créés au long des siècles. En d'autres termes, plusieurs centaines de langues actuellement en usage sur notre planète sont dépourvues d'écriture, et leur communication est exclusivement orale.

Aborder la connaissance de cette oralité primaire, c'est faire un travail anthropologique qui va bien au-delà de mes modestes incursions dans le domaine de la littérature et du récit oral. Bien que toutes les cultures se fondent sur le langage, c'est-à-dire sur un ensemble de sons parlés et écoutés, cette communication orale qui comporte, comme nous allons le voir, de nombreux éléments corporels a connu au fil des siècles une série

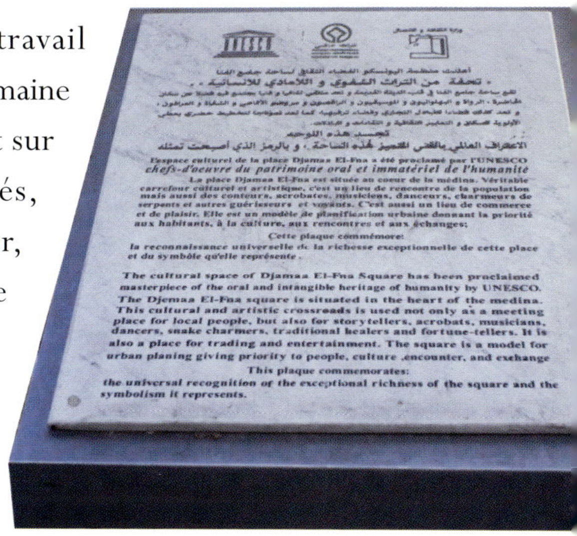

A l'entrée de la place, une stèle commémore la proclamation du lieu Patrimoine Oral et Immatériel de l'Humanité par l'Unesco.

SI LA VENTE DE CES CAMÉLÉONS OU D'AUTRES ANIMAUX VIVANTS EST ENCORE TOLÉRÉE, LEUR EXPORTATION EST EN REVANCHE TOTALEMENT INTERDITE.

de transformations, à mesure que l'apparition, puis l'existence de l'écriture modifiaient progressivement la mentalité du rhapsode ou du narrateur. Dans le monde actuel des moyens de communication de masse, il est difficile de trouver des dépositaires d'une tradition orale qui ne soient absolument pas " pollués " par l'écriture et son support technologique et visuel. Comme l'atteste ma qualité d'auditeur sur la place de Marrakech, les halaiquis (conteurs) se produisent dans le cadre d'une société mutante et avide de savoir, qui regarde souvent de haut ceux qui, étrangers à une éducation presque exclusivement liée à l'application des normes compétitives en vigueur dans le Village planétaire, conservent et mémorisent pour demain les histoires du passé. Inutile de dire que cette perception erronée de la tradition orale part d'une confusion qui doit être clairement soulignée ; la culture et l'instruction ne sont pas des termes identiques, et c'est bien la raison pour laquelle les dépositaires du savoir oral peuvent être et sont parfois plus cultivés que certains de leurs compatriotes initiés au seul maniement des techniques audiovisuelles et informatiques. Mais dans un monde subjugué par l'ubiquité des ces technologies, la culture orale, qu'elle soit primaire ou hydride, est gravement menacée et justifie une mobilisation internationale pour la préserver d'une extinction progressive.

Les conteurs attirent et captivent leurs auditeurs autant par la beauté de leur histoire que par l'incroyable scénographie qui souvent l'accompagne.

À ce propos, j'évoquerai la halca de la place Jemâa el Fna telle que je l'ai connue il y a un quart de siècle. Les dépositaires de la tradition orale avaient déjà pleinement conscience de leurs limites face à la culture écrite, et cette conscience se manifestait dans un large éventail de situations, fruit de l'influence écrasante de l'écrit sur l'oral. Les rhapsodes et les conteurs en berbère dont les quatre variantes parlées n'ont pas d'alphabet commun et quasiment pas d'écriture, si ce n'est en caractères arabes, étaient le plus souvent analphabètes, et leurs connaissances religieuses se bornaient à la mémorisation des principales sourates du Coran. Les gnaouas, descendants des anciennes confréries d'esclaves de l'Afrique subsaharienne, mêlaient et mêlent toujours l'arabe et le bambara

Le Cadeau Berbere
visite libre
free visit

patrimoine immatériel lié à la représentation publique. Comme le fait remarquer Cervantes, il y a des contes dont le charme réside dans la manière de les raconter, c'est pourquoi le succès populaire de l'halaiqui dépend moins de l'intrigue - presque toujours connue de l'auditoire - que de son habileté et de son talent d'improvisation. Dans mon roman Makbara, j'ai fait de mon mieux pour décrire la nature protéiforme de ce spectacle qui s'adresse à tous nos sens... obligation d'élever la voix, d'argumenter, de trouver le ton juste, de parfaire l'expression, de forcer la mimique qui capteront l'attention du passant ou déchaîneront irrésistiblement les rires : cabrioles de clown, saltimbanques agiles, tambours et danses gnaouas, singes criards, annonces des médecins et herboristes, brusque irruption des flûtes et tambourins au moment de passer la sébile : immobiliser, distraire, séduire une masse éternellement disponible, l'attirer peu à peu dans un territoire précis, la distraire du chant des sirènes rivales, lui arracher enfin le dirham étincelant qui récompense virtuosité, vigueur, obstination, talent.

Les danseurs travestis, seules "femmes" autorisées à se produire en spectacle sur la place, connaissent à ce titre un vif succès.

18

Le macaque magot est sûrement plus à l'aise dans l'Atlas qu'enchaîné sur la place. Facilement apprivoisable, il est d'une bonne rentabilité pour ses propriétaires qui font payer la moindre photo.

L'art du jongleur exige la participation de la vue et de l'ouïe, mais dans le périmètre de la Place, la foule éprouve le plaisir de tous les sens : dans les gargotes ambulantes, elle savoure la cuisine populaire et aspire la diversité de ses odeurs, tandis que la fraternité concrète, égalitaire et directe du lieu rompt l'atomisation urbaine et favorise la proximité physique. Le spectacle de la place Jemâa el Fna se répète tous les jours, et chaque jour il est différent. Les voix, les sons, les expressions changent, tout comme le public qui voit, écoute, sent, goûte, touche. Le patrimoine oral s'inscrit dans un autre patrimoine que l'on peut qualifier d'immatériel beaucoup plus vaste. La Place, en tant qu'espace physique, abrite un riche patrimoine oral et immatériel. Mon expérience, aussi mince soit-elle, de ce phénomène, m'a incité à analyser le texte littéraire dans sa relation protéiforme avec l'oralité. L'hybridité entre ces deux éléments et l'implication des cinq sens de l'être humain dans une création populaire comme celle de la halca m'a permis, en autres, de mieux comprendre la dynamique

Les fumées des stands portent loin des odeurs de cuisine souvent alléchantes. Utilisé en pharmacopée, le caméléon est quand même moins appétissant.

des transferts entre la poésie épique traditionnelle pré-homérique et les textes de l'Iliade et l'Odyssée tels que nous les lisons aujourd'hui, transferts dont Hilman Parry fait une analyse magistrale dans son œuvre classique The Making Of Homeric Verse. L'adoption par l'UNESCO du nouveau concept de Patrimoine Oral et Immatériel ouvre ainsi la voie à la préservation de la culture orale de centaines de langues dépourvues de graphie et stimule l'étude diachronique des innombrables croisements et situations intermédiaires résultant de l'influence de l'écriture, de l'imprimerie et des moyens audiovisuels et informatiques modernes sur l'expression orale. C'est une tâche urgente, étant donné l'ampleur et la complexité de la mosaïque de langues et de cultures menacées, aussi bien en Amérique latine qu'en Afrique, en Asie ou en Océanie. Et nous devons nous y atteler en ayant pleinement conscience des risques encourus : ces cultures et ces langues sont des patrimoines vivants, et il ne faudrait pas tomber dans le piège de la " muséification " en jouant les anthropologues qui, comme le disait un intellectuel mexicain " considèrent les peuples comme des fossiles culturels ". Notre action doit donc se montrer subtile et discrète, à travers une protection des diverses manifestations culturelles des 3000 langues parlées dans le monde et de leurs " trésors vivants ", qui exclut la création de " réserves indigènes " sauf en cas d'extrême nécessité, c'est-à-dire quand il s'agit d'établir un acte de décès après avoir enregistré et filmé leur agonie pour les musées anthropologiques des grandes métropoles de la planète.

Pour ce faire, il faut avoir à l'esprit les différents degrés d'oralité primaire devant lesquels nous nous trouvons, et l'hybridité des manifestations du patrimoine oral et immatériel préservées par la tradition au fil des siècles, Un défi qui s'adresse à toutes les organisations gouvernementales et soucieuses de la biodiversité du monde, une biodiversité gravement affectée par l'uniformité qu'imposent les lois du Village planétaire et le fondamentalisme de la techno-science.

Bismilah… Au nom de dieu le miséricordieux

Place de tous les possibles, au confluent des échanges entre le nord et le sud, du brassage continu des ethnies, des langues et des traditions, la place Jemâa el Fna fut dès l'origine un gigantesque laboratoire où se forgeait une humanité nomade affranchie de toute limite ethnique, raciale et sociale.

La légende veut que les quatre boules dorées qui dominent le minaret de la Koutoudia aient été dorées avec les bijoux de l'épouse de Yacoub el -Mansour, dit le "Victorieux".

Bismilah... Au nom de dieu le miséricordieux

A l'orée de Marrakech, des milliers de palmiers dessinent un ciel sur la terre calcinée. À leur vue, le voyageur fourbu, enfin rasséréné, sait qu'il franchit le seuil, la limite qui sépare l'inconnu du connu, qui circonscrit dans l'interminable rocaille environnante un lieu à l'échelle de l'homme, où depuis des siècles il a pu, à sa guise, dessiner, tailler, enclore...

À la lisière de la palmeraie, il contemple les vergers s'étendant à perte de vue, ceints de murs en pisé, de haies hérissées de figues de barbarie...

Tout comme les remparts de la ville, ces enceintes faites pour se prémunir du chaos lui rappellent comment la ville, dès son origine, fut arrachée à l'instabilité environnante, comment elle s'est bâtie dans la peine et l'effort, en apprivoisant au fil du temps des forces qui la dépassent, en rassemblant dans les contraintes et l'étroitesse des chances que la nature lui avait consenties, toutes les énergies qui la traversent...

Pourtant, si la cité recluse derrière ses remparts sut, longtemps, se protéger, un lieu en son centre resta réfractaire aux limites. Aujourd'hui encore, il concentre et diffuse une formidable énergie. À croire que toute cette hantise de l'ordre, tout ce souci de la maîtrise

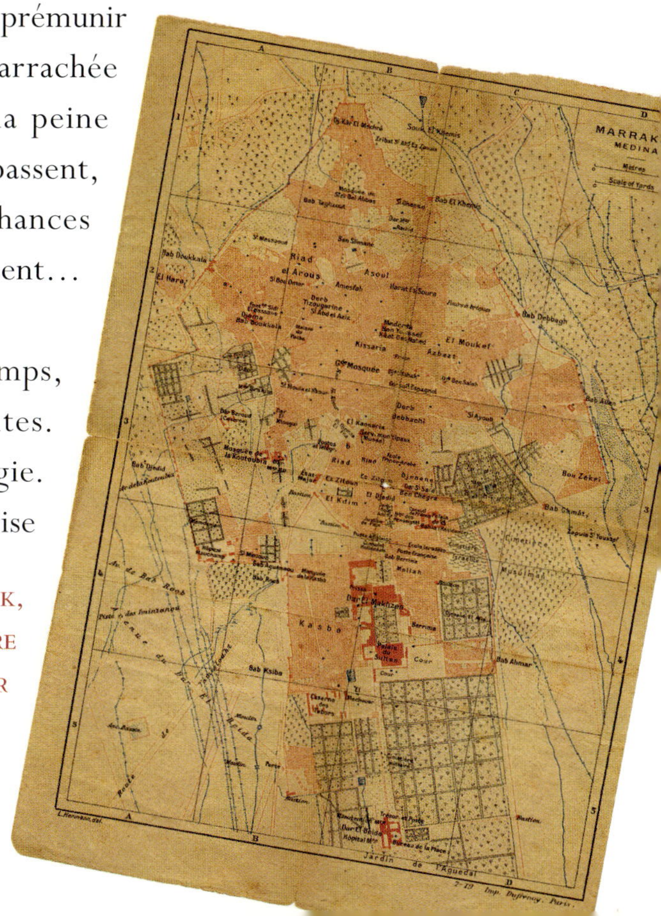

Bienvenue à Marrakech. Dans le souk, vous trouverez peut-être encore cette carte éditée en 1928 par le syndicat d'intiative de la ville !

INCONTOURNABLES, LES CHARMEURS DE SERPENTS ANIMENT LA PLACE DU SON DE LEURS FLÛTES. MÊME LES SERPENTS Y SONT SENSIBLES S'AGITANT À LEUR ÉCOUTE ET À L'APPROCHE DES TOURISTES.

qui présidèrent depuis des siècles à la création de la cité, à son développement, venaient achopper contre cet espace irréductiblement étranger : Jemâa el Fna.

Le voyageur pressent confusément cette double postulation dans laquelle Marrakech s'est très tôt engouffrée, qu'elle n'a jamais véritablement dépassée. D'un côté, la volonté d'imposer un ordre à l'instabilité environnante, de l'autre, la tentation du désordre, l'appel du chaos, de l'ivresse régénératrice... Étonnant phénomène pour qui y prête attention... Mais qu'est-ce que cette place étrange qui, du cœur de la cité, la brave, la défie, suscitant une onde de choc dont l'impact se répercute jusque dans ses quartiers les plus reculés ? On l'appelle communément " mosquée de l'anéantissement " ou " place du trépas ", en souvenir dit-on, des têtes de suppliciés exhibées sur ses murs... Et si au contraire, " el fna " désignait, par antiphrase, la vitalité, l'effervescence de la vie ?

Les stands sont installés en moins d'une demi-heure. Leur organisation répond à un partage strict de l'espace et à un souci d'équité dans le choix des emplacements.

Place de tous les possibles, au confluent des échanges entre le nord et le sud, du brassage continu des ethnies, des langues, des traditions : Berbères du Haut Atlas et des plaines, Arabes des confins du Sahara, Noirs et Métis... Depuis des siècles, la place décante, assimile, amalgame et transforme ces apports divers, gigantesque laboratoire où se forge une humanité nomade, affranchie de toute limite, ethnique, raciale, sociale, morale...

Derrière le rideau de fumée qui s'élève dès la tombée du jour des gargotes en plein air, la foule se presse, en masse compacte, autour des hlaqis, celles des charmeurs de serpents, des guérisseurs, des acrobates, des musiciens, des prédicateurs, des conteurs... qui prolongent, à même l'asphalte, une geste immémoriale et mystérieuse. Il y a ceux qui sont assis et ceux qui sont mobiles... Il y a ceux qui appartiennent à des confréries comme les heddawas, les issaouas, ou les gnaouas, qui naviguent à la lisière du sacré et du profane

A chaque stand,
un menu différend.
Au choix : brochettes,
cervelles ou têtes
de moutons grillées,
poulets ou escargots,
tagines et riz.

Outre leur arsenal de produits miracles censés soigner tous les maux de la terre, les guérisseurs dispensent aussi des conseils parfois surprenants.

et ceux, tels ces danseurs travestis qui se contorsionnent sous le regard émoustillé de la foule, qui ont opté pour un spectacle iconoclaste, libre d'entraves, levant les censures et les inhibitions...

Entre chien et loup, à cette heure trouble où s'atténue la tyrannie de la lumière, la géographie devient aléatoire... À la lueur des lampes à pétrole, des contacts furtifs ne nouent, ici ou là, au hasard de la cohue. Des transactions mystérieuses se concluent, entre rêve et réalité, licite et illicite. Des attroupements se forment, plus ou moins compacts, devant les étalages des guérisseurs : monceaux de plantes médicinales (thym, lavande, karouiya, halba...), de graines (chanouj, noix de muscade, noix d'orient...), de poudres aphrodisiaques, peaux de serpent, animaux aux vertus thérapeutiques exhibés en morceaux ou dans leur intégralité, vivants ou empaillés : hérissons, geckos, caméléons, écureuils, renards... Dans un coin plus discret, un jeu de cartes usé invite le passant à entrouvrir subrepticement les portes du futur. À proximité, les écrivains publics,

Souvent situés à proximité des étals de fruits secs, les musiciens d'Oulad Sidi Hmad ou Moussa sont parmi les plus réputés et appréciés de la place.

assis en tailleur, leur écritoire posé devant eux, attendent, le regard perdu vers l'horizon... L'odeur du henné révèle la présence des nqachats. Tête baissée, elles couvrent d'arabesques la paume de la main, modulant leurs graphismes délicats en fonction du grain et de la texture de la peau.

Et la fête bat son plein : un orchestre berbère entonne ses premières mélopées au son de lotar, plus loin, les gnaouas dansent, sautent, au rythme effréné du tambour, du gunbri et des kab-kab...

Aisément reconnaissables à leurs boléros et pantalons bouffants, les acrobates d'Oulad Sidi Hmad ou Moussa, affranchis des lois de la pesanteur, se juchent en un éclair sur les épaules des uns et des autres, les plus lourds formant l'ossature de la pyramide, les plus légers se hissant au sommet...

Plus loin, à la lisière du souk Sémarine, dans ces goulots d'étranglement formés par le flux ininterrompu que déverse la place, un bric à brac

Conseil pour réduire la grosseur des seins : se frapper sept fois la poitrine avec les babouches d'un jeune homme célibataire. Les vertues des plantes ont parfois leurs limites !

A la diversité des mets présentés répond celle de leurs odeurs et de leur disposition. Le choc est parfois rude entre pâtisseries traditionnelles et têtes de moutons mais c'est justement là tout l'intérêt de manger sur la place Jemâa el-Fna.

JAMAIS À MÊME LE SOL, AVEC UN EFFORT CONSTANT DE PRÉSENTATION, TOUT SE VEND SUR LA PLACE MÊME SI LE CHOIX EST PARFOIS RESTREINT

invraisemblable de quincaillerie bon marché, de sous-vêtements, d'épices, se déploie à proximité des étalages de menthe et de verveine, d'olives, de dattes, d'amandes, de pistaches ou de cacahuètes... Des têtes de mouton trônent sur leur piédestal en attendant d'hypothétiques amateurs...

Mais comment appréhender tout ce capharnaüm d'images, de saveurs et de sons? Peut-on réellement circonscrire cette place ou tout au moins l'aborder sans lui imposer des limites, sans figer le flux irrépressible de son mouvement... le tumulte des hlaqis, les harangues des bonimenteurs, les œillades des passants, les appels pressants des commerçants ambulants, les supplications insistantes des mendiants ?

Goytisolo propose dans Makbara de l'amadouer en l'abordant " lentement, sans contrainte horaire, au gré de la foule " . Et si on lui tournait le dos ? Si, pour la comprendre, il fallait d'abord l'ignorer,

Les guérisseurs ne vendent pas que des remèdes. Dans leurs petits sacs de plastique dorment des plantes aphrodisiaques ou très utiles à la création de talismans et de sortilèges.

Les musiciens gnaoui étaient jadis appelés pour les vertues thérapeutiques de leur musique. Aujourd'hui, ils font la joie des spectateurs de la place Jemâa el-Fna.

différer la rencontre, choisir d'aller là où la place n'est pas mais où, chaque jour, elle dirige son regard, en quête de caution morale, de bénédictions, voire de rédemption ?
Voici un chant gnaoui recueilli sur place :

Mon Dieu, ô mon Dieu, Sidi, ô envoyé d'Allah !
Allah ! ô messager d'Allah, ô Sidi, ô envoyé d'Allah !
Sidna, les sept patrons, le saint Sidi Bel Abbès,
O Sidi Bel Abbès Sebti ! Sidna qui par ses dons redresse ;
Sidi Bel Abbès Sebti! ô saint! ô Moul Laksour !
Sidna, ô Moul Laksour !
Sidna, ô Sidi Cadi Ayyad !
Sidi Moulay Ali Chrif ! ô envoyé d'Allah !
Sidi Youssef Ben Ali et c'est à qui le tour !
...

Sur l'ombre inquiétante et tentatrice de la place, nous vous convions, comme le gnaoui, à jeter, le voile protecteur et bienveillant des Sebatou Rijal, avant que ne débute le spectacle...

PARMI LES INSTRUMENTS DE MUSIQUE TRADITIONNELLE, LES CROTALES, SORTE DE CASTAGNETTES GÉANTES EN FER BLANC.

Il était une fois... Kan ya makan...

Etrange destin que celui de ces hommes longtemps considérés comme des parias et désavoués par une société conformiste et peu encline à comprendre leur créativité généreuse et leur verve iconoclaste. Certes, aujourd'hui, les conteurs et la place Jemâa el Fna qui en est le catalyseur et l'emblème semblent bénéficier, grâce à la proclamation de l'Unesco, d'une forme de reconnaissance officielle qu'ils n'ont jamais eue auparavant.

Fondée en 1062 par le souverain almoravide Youssef ben Tachfine, Marrakech devînt dès 1107 la capitale d'un royaume qui s'étendait jusqu'en Espagne. Elle a depuis perdu son statut au profit de Rabat.

Mais ne nous y trompons pas... La place reste sans conteste, dans l'imaginaire de nombre de Marrakchis, le lieu de la subversion, voire de la perdition... et la sollicitude excessive dont les conteurs sont aujourd'hui l'objet n'est qu'une tentative détournée de contrôler ce qui peut encore l'être de cette parole considérée encore par le plus grand nombre comme une parole peu orthodoxe et donc potentiellement pernicieuse...

Et pourtant, à bien des égards, le parcours de ces hommes miséreux et décriés revêt une forme de grandeur tant il semble, par les sacrifices et les épreuves qu'il induit, rappeler l'expérience initiatique de certains soufis...

Gardons-nous, cependant, d'une héroïsation à outrance car cela irait à l'encontre à la fois de leur humilité naturelle et de ce pouvoir d'autodérision qui est l'essence de leur rapport au monde et qui protége de toute velléité de se prendre au sérieux ! Quelques préceptes de la confrérie haddaoua souvent reprise en boucle par les halaïquis en disent long sur la question :

" O toi installé sur ta monture
Pense un peu à ta dégringolade "

Chaque restaurant de plein air porte un numéro précis. C'est grâce à lui que vous retrouverez le stand conseillé par les guides ou vos amis.

CROTALES, VIPÈRES DES SABLES, COBRAS, BOAS... LES MONTREURS DE SERPENTS MANIPULENT DE NOMBREUSES ESPÈCES ORIGINAIRES DU PAYS MAIS AUSSI D'AFRIQUE NOIRE.

Ou encore ce vœu formulé après chaque fatiha, en prélude à la halqa :

" Puisse Dieu déprécier le temps
Pour que nous en devenions les maîtres ! "

Bouffons iconoclastes, les conteurs n'ont, en fait, d'autre prétention que d'ouvrir les vannes de l'imaginaire, de briser par le rire, la scatologie, les trouvailles verbales, la chape de plomb qui pèse sur les esprits, hors du cercle magique de la halqa. Comme nous le rappelle Sidi Abderrahman El Majdoub, prince des poètes :

" Je ne suis pas un voyant,
Je ne rends pas d'oracle
Je ne suis pas un fqih
Je ne suis pas savant
Je suis un extatique et je parle sagesse
À mon dénégateur "

À regarder de près le destin singulier de quelques-uns de ces conteurs qui ont marqué la place, on constate un même désir de rupture, dès l'enfance, désir si violent, si radical, qu'il s'apparente à un véritable séisme intérieur. Dès lors qu'ils l'ont ressenti, ils n'ont de cesse de partir, de rompre les amarres, comme si l'errance seule pouvait permettre à cette parole encore balbutiante d'advenir...

L'AMBIANCE N'EST PAS SEULEMENT ASSURÉE PAR LES SALTIMBANQUES. LA VIE HABITUELLE DE LA PLACE CONSTITUE EN ELLE-MÊME UN SPECTACLE À PART ENTIÈRE.

Chez Sarroukh, Cherkaoui, chez Tabib El Hacharat, on retrouve, par delà la diversité des styles et des expériences, la même thématique de la révolte, de la fuite, de l'errance comme si l'appel de l'Ailleurs et une exigence intérieure secrète leur imposaient, à un moment donné, plus ou moins tôt, de se mettre en péril, de se soumettre à une épreuve dont ils sont au départ incapables de saisir la mesure...

Juan Goytisolo évoque dans le très beau texte qu'il leur a consacré, l'expérience de Sarroukh et celle de Cherkaoui, dit Moul-el-hmam, comment l'un et l'autre quittèrent très tôt leur famille

Outre les musiciens, Oulad Sidi Hmad Ou Moussa est aussi un réservoir d'acrobates particulièrement agiles et de jongleurs-saltimbanques maniant avec une même dextérité balles et poignards.

Incompréhensibles aux étrangers ne maîtrisant pas l'arabe, les spectacles n'en restent pas moins accessibles grâce à leur mise en scène et à leurs gags.

pour parcourir le pays, pieds nus, le premier prêchant dans les campagnes, vivant de l'aumône, l'autre rêvant de devenir un haddawi. Étrangement, la tentation mystique est si forte qu'elle occulte longtemps le goût pour un prêche plus profane... Ce dernier reste une tentation secrète, que l'on ose à peine se formuler à soi-même, que l'on combat parfois avec acharnement, car pour le conteur lui-même, rejoignant en cela l'opinion commune, il ne s'agit là que d'une forme dévoyée de prédication dont il importe de canaliser les méfaits.

En tout cas, le passage d'un registre à l'autre revêt toujours un caractère emblématique comme en témoigne l'exemple de Sarroukh. La contiguïté des deux niveaux d'expérience et le fait que l'une découle directement de l'autre et s'y rattache n'ont pas échappé à la sagacité de J. Goytisolo qui rapporte ainsi les propos de l'intéressé :

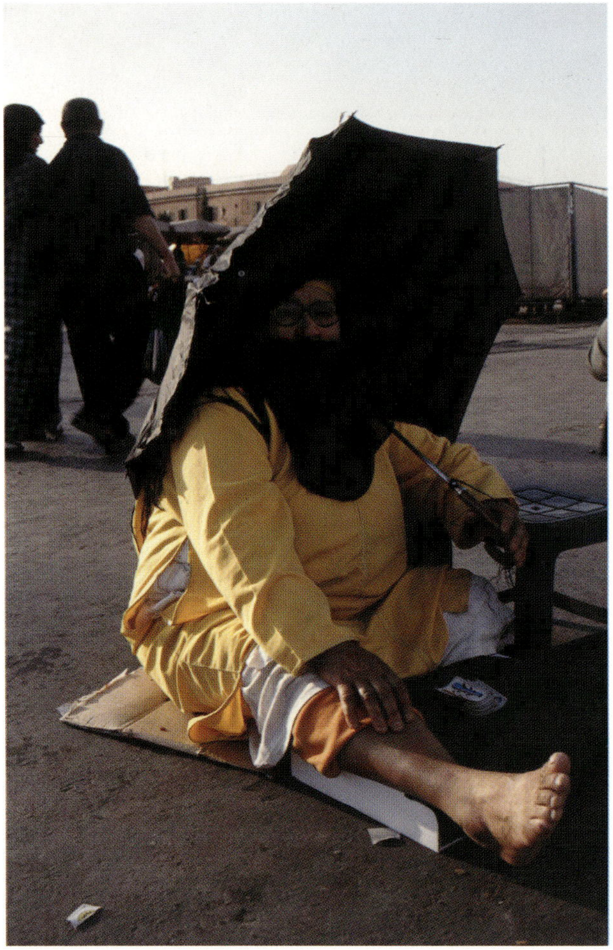

Discrètes, les mendiantes harcèlent peu les voyageurs. En échange de quelques pièces de monnaie, elles proposent de lire la bonne aventure dans les lignes de la main.

" Un jour raconta-t-il, pendant qu'il récitait des versets coraniques dans le marché, l'idée lui vint de s'emparer d'un âne et de le soulever sur ses épaules par la seule force de ses poignets. Le poids de la charge et les braiments furieux de l'âne attirèrent immédiatement un public nombreux et des douzaines de curieux formèrent autour de lui la halqa. Sans le savoir, Abdeslam avait trouvé sa voie : il reposa l'âne par terre puis se mit à blâmer vertement les badauds. Quel genre d'hommes êtes-vous ? Des animaux ou des humains ? Quand je vous récitais la parole de Dieu, vous étiez aveugles et sourds et maintenant vous avez recouvré la vue et l'ouïe grâce aux braiments d'un âne. "

À la lisière du profane et du sacré, le prêche est toujours un coup de semonce censé rappeler au public des vérités qu'il occulte par aveuglement ou par habitude… Les braiments de l'âne loin de s'opposer au discours du fqih agissent, sur le mode burlesque, avec une efficacité équivalente voire supérieure et contribuent, par la fascination

Pour mieux faire chanter son serin, cet homme l'arrose d'une eau bien fraîche tirée du puits. Ainsi rafraîchi, l'oiseau attirera par ses chants le chaland vers le magasin de son maître.

qu'ils exercent sur le public, à susciter en lui le sursaut salvateur.

Certes chez Cherkaoui, la conversion du heddawi en hlaïqi est plus discrète, moins spectaculaire, elle n'en est pas moins profonde. Cette expérience révèle, comme chez beaucoup d'autres conteurs, le poids du maître, du cheikh dans la destinée du conteur. En effet, la rencontre du jeune Cherkaoui avec le vieil aveugle, Ben Feyda, a été une expérience décisive qui détermina le cours de toute son existence. En effet, entre les deux hommes, l'osmose fut tout de suite totale, définitive et perdura bien au-delà de la mort du vieil aveugle, donnant naissance à l'une des formes les plus originales de spectacle que la place Jemâa el Fna eut à abriter : la halqa des pigeons.

Seul un orage particulièrement violent peut mettre fin à l'animation de la place Jemâa el-Fna. Heureusemnt, ce n'est que passager.

Plus récemment encore, dans le parcours de Bariz ou d'El Maqouri, qui sont les conteurs les plus confirmés d'aujourd'hui, on retrouve la même quête de l'Ailleurs, le même désir de rupture,

PARTOUT DES PETITS STANDS DE KHÔL ET DE ROUGE PERMETTENT AUX GENS DE LA PLACE DE SE REFAIRE UN LÉGER MAQUILLAGE ENTRE DEUX PERFORMANCES.

En saison, la place Jemaa el-Fna se couvre de tapis venus des quatre coins du pays. Mis à vieillir au soleil, ils sont parfois vendus aux enchères. Un moment à ne pas manquer.

exacerbés par la rencontre des conteurs légendaires de la place Jemâa el Fna. La fascination que ces personnages exercèrent sur eux les conduira dans un premier temps à s'approprier leur style, leurs mimiques, leur langage, jusqu'au jour où, impatients de trouver leur propre voie, il s'en iront, par les chemins, bravant la faim, la solitude, dans un désir pressant de s'accomplir.

L'apprentissage du conteur, qui est un préalable nécessaire à la réalisation de sa vocation, est donc fait avant tout de vagabondage, de solitude et de renoncement mais aussi de rencontres qui sont autant d'étapes, de " stations " dans sa quête : Tiznit, Taroudant, Beni Mellal, Fès, Meknès... Au terme de ce périple, la place Jemâa el Fna, comme une apothéose, marque la fin de l'errance et la réalisation de la vocation.

Nulle gloire cependant à escompter... Même à l'heure de la reconnaissance de leur talent et du désir de sauvegarde de ce patrimoine oral dont ils sont les précieux dépositaires, les conteurs demeurent, dans le dénuement qui est le leur, le mépris ou la suspicion dont ils sont l'objet, les laissés-pour-compte d'une société qui reste indifférente au sort d'un pan fondamental de son imaginaire et de son rapport au monde : celui qu'elle a développé au fil des siècles à travers l'oralité et qu'une histoire multiséculaire faite de transmissions, de filiations, d'initiations a acheminé jusqu'à nous...

Destins singuliers...

Une oralité hybride

Au fil des siècles, les conteurs de la place Jemâa el Fna, alors au sommet de leur art, vont peu à peu se trouver confrontés à une confusion des registres qui rend caduque toute frontière distincte entre les différentes formes d'expression. La tradition orale doit de plus en plus tenir compte de l'expression écrite et de l'audiovisuel dans ses différentes manifestations.

Le dédale des ruelles et impasses du souk est un monde à part, bien loin des facéties des amuseurs de la place. Ici, la vie normale semble immuable dans ses rites, ses décors et ses préoccupations.

C'est cette interaction qui constitue, selon Juan Goytisolo, l'un des aspects les plus passionnants à étudier aujourd'hui sur la place Jemâa el Fna. Entre une riche tradition orale primitive, une autre fondée sur des textes écrits codifiés mais qui eux-mêmes sont d'origine orale comme Les Mille et Une Nuits, les improvisations sur des thèmes d'actualité, la place nous confronte à un malstrom en évolution perpétuelle, où la culture écrite et surtout les nouvelles technologies semblent de plus en plus s'offrir la part du lion.

Pour cette génération de conteurs, la bataille de la culture orale primaire est, à l'évidence, perdue d'avance. En revanche, celles qu'ils livrent depuis plusieurs décennies, dans des conditions de plus en plus difficiles, pour une culture orale hybride, est décisive. Elle consiste à intégrer dans son combat cela même qui semble la menacer : les livres. La lecture est donc essentielle dans le renouvellement de la pratique des conteurs. Elle leur a ouvert de larges perspectives sur des textes inconnus du public. Elle leur a permis de donner une vie nouvelle à leurs récits, en télescopant des histoires parfois trop connues... en les enchevêtrant, en brouillant les repères et en modifiant les noms... Un travail d'intertextualité salutaire pour renouveler l'intérêt d'un public friand de nouveauté, et que la pratique de la halqa rend plus jouissif encore,

Le souk Larzal est connu pour ses écheveaux de laine qui sèchent au soleil. Là, au fond d'une cour, travaillent encore quelques teinturiers.

En public averti, les hommes suivent avec une attention toute particulière chaques faits et gestes des "artistes" qui officient sur place.

par la capacité infinie d'improvisation qu'elle permet. Se fondant sur telle geste épique ou sur Les Mille et Une Nuits, les nouveaux conteurs créèrent de nouveaux contes où des personnages empruntés à tel univers changeaient de nom, d'attribut, pour s'allier, guerroyer ou s'unir à d'autres personnages, parfois très éloignés quant à l'époque ou l'origine. Certes, dans l'histoire récente, certains de leurs maîtres les avaient précédés dans cette voie, comme Cheikh Driss le borgne. Il avait coutume d'entremêler des histoires très connues, empruntées à des répertoires différents. Dans le conte de Mariman, il mêle celle d'Al Malik Sif Bnou Yazal et celle de Hamza El Behlaouan, puis les intègre dans un conte spécifiquement marocain, emprunté, celui-là, à la mémoire populaire.

Les tribulations de ces héros légendaires et les hauts faits qu'ils accomplissent eurent nécessairement un impact différent sur le public en raison du rapprochement de leurs univers, jusque-là fort éloignés. Ainsi, Al Malik Sif,

abandonné par sa mère, se retrouvait non dans le palais d'Al Malik Ifrah, comme dans le conte d'origine, mais dans celui du Pacha El Glaoui, à Marrakech ! Si le déroulement de l'intrigue n'en était pas pour autant affecté, le conteur savait mieux que personne qu'aucun roi des épopées ne pouvait se mesurer, dans l'imaginaire du Marrakchi, à la figure légendaire du Pacha !

LE DENTISTE, AVEC SES DENTIERS ET SON TRÉSOR DE MOLAIRES ARRACHÉES À LA PINCE, FAIT DÉSORMAIS PARTIE DU PASSÉ. IL LUI EST INTERDIT DE PRATIQUER SON ART POUR RAISON D'HYGIÈNE.

Dans cet art de brouiller les références, d'entremêler les registres et les univers, les conteurs sont tellement passés maîtres qu'ils mettent au défi quiconque de retrouver sous ces détournements, ces travestissements multiples, l'histoire et les personnages d'origine. Le recours à la culture écrite n'est en définitive, pour eux, qu'un détour, un moyen pour mieux affirmer la suprématie de la tradition orale. Celle-ci s'appuie sur une capacité d'improvisation à l'infini et sur une série d'éléments dont l'écrit est définitivement dépourvu : grimaces, mimiques, pauses, rires, larmes…

Du haut des terrasses des cafés, le coucher de soleil et les lumières de la ville offrent un spectacle de toute beauté.

Plus que la cuisine, c'est l'ambiance qui fait la réputation des restaurants de la place Jemâa el-Fna. Fumées, cris et ampoules y créent une atmosphère trés étrange.

" tout cet art qui résulte du cadre matériel et concret de la halqa " et que Goytisolo définit comme " un extraordinaire patrimoine immatériel lié à la représentation publique ". Les conteurs, jaloux de préserver leurs secrets, qualifient cet art de capter l'attention du chaland, sihr el bayane. Il consiste pour le conteur non seulement à donner vie, forme, consistance à ses personnages, mais à être capable à tout moment d'impressionner son public, de piquer sa curiosité, de le surprendre, de l'amuser, de l'émouvoir, par des moyens divers, souvent non verbaux.

Nulle geste épique n'a d'attrait, sur la place Jemâa el Fna, sans ce fameux " bayane ", qui sait conférer à chaque fait son poids d'émotion, de solennité ou de légèreté. Mais aujourd'hui, particulièrement, il n'est plus concevable d'être hlaïqi et de ne pas en faire largement usage, car le public abreuvé d'images, ivre de distractions, est à l'évidence moins réceptif.

151
151

Le grand jeu des charmeurs est de passer leurs bestioles au cou des visiteurs. Rares sont les personnes qui apprécient la beauté du geste et la confiance ainsi témoignée !

La métamorphose qui s'est opérée dans le public a été, à cet égard, décisive. Longtemps considéré comme un phénomène singulier, le public de Jemâa el Fna, n'est plus aussi en phase avec le talent qu'il l'était autrefois. Plus affairé, plus goguenard... Plus versatile aussi... il se contente de butiner, ici ou là, quelques bribes de récits, sans prendre le temps d'assister à la totalité d'un spectacle. Au regard de l'intérêt passionné qu'il portait autrefois au conteur, au point de rater son voyage - au temps où la place était au confluent de toutes les destinations et abritait le dépôt d'autocars -, on mesure l'ampleur du changement...

Effervescente et festive, la place semble, pourtant, faire encore la part belle au divertissement. Mais qu'en est-il du rapport du public au conteur ? Le pacte serait-il brisé ?

En fait, bien des changements ont affecté la place elle-même, ces dernières années, contribuant à altérer le rapport du conteur à son public.

Jeu d'ombres et de lumières dans les souks.
Combien de boutiques, de commerces
et d'artisans dans ce labyrinthe ?
Des milliers sans doute qui vendent
des millions d'articles.

L'AFFLUENCE SUR LA PLACE JEMÂA EL-FNA EST FLUCTUANTE. C'EST EN AUTOMNE ET AU PRINTEMPS QU'ELLE ATTEINT SON PAROXYSME LORSQUE LES JOURNÉES SONT LONGUES ET PAS TROP CHAUDES.

Le chassé-croisé des vélomoteurs et des voitures, en particulier, a renforcé la confusion ambiante et le tohu-bohu continuel qui en résulte a pesé de manière significative sur le travail des hlaïqis, de plus en plus confinés dans un îlot fragile, cernés par des assauts de véhicules tonitruants qui roulent à tombeau ouvert. De plus en plus mercantile, la place a favorisé l'expansion des commerces au détriment du spectacle. Les restaurateurs, les herboristes... supplantent aujourd'hui largement les conteurs, confinés à la périphérie, exerçant leur métier dans des conditions de plus en plus difficiles où sihr el bayane ne leur est plus d'aucun secours, car il ne s'agit plus de parfaire l'expression pour convaincre le public, mais d'élever la voix par dessus le vacarme ambiant - qu'amplifie la sono, simplement pour se faire entendre...

En fait, étrangers à leur propre univers, dépossédés de cette place dont ils sont, encore aujourd'hui, l'emblème, les conteurs ont renoncé à cela même qui fonde leur survie

Entre les calèches,
les voitures, les
charrettes tirées
par des ânes,
les mobylettes et les
piétons, la circulation
sur la place est aussi
une distraction
pour le visiteur.

Tous les cafés et les restaurants de la place proposent le thé à la menthe, une boisson idéale pour se remettre de ses émotions après une journée passée dans les souks.

et la perpétuation de leur art : la transmission de leur savoir.

La chaîne de maître à disciple qui reliait la vieille génération de conteurs à la nouvelle semble brisée. Les réticences, pour ne pas dire l'aversion avec laquelle les conteurs envisagent que leurs enfants puissent leur succéder dans cette pratique, en dit long sur la vision qu'ils ont, aujourd'hui, de leur art et de la valeur que la société lui confère. Reproduisant le mépris dans lequel leurs propres pères tenaient leurs vocations naissantes, ils interdisent, à leur tour, à leurs enfants de se rendre sur la place, qu'ils fustigent, dénonçant ce lieu de perdition auxquels peu ont su réchapper...

Jemâa el Fna " belia ", y goûter c'est y succomber, affirment ceux-là mêmes qui avaient voué leur vie, il y a trente ans, à la grande Tentatrice !

Dès qu'on leur parle de regrets, nos conteurs, pourtant, se rebiffent... Retrouvant la fierté

En dessous du numéro, la carte. Y sont répertoriés les plats proposés sur le stand et leur prix mais il est quand même conseillé de se renseigner avant de prendre place.

de leurs débuts, ils réitèrent la passion de conter, l'ivresse de la halqa, dont le cercle magique vous prémunit de toutes les contingences et de toutes les vicissitudes du réel... Mais ils savent maintenant qu'une fois le cercle brisé, après chaque spectacle, les frustrations s'aiguisent, la vie rattrape de plus en plus vite celui qui sut, le temps du récit, en suspendre le cours... Il est vrai que cette place qu'ils haïssent parfois au point de ne plus vouloir s'y rendre, " y descendre " disent-ils communément - comme s'il s'agissait de la fosse aux lions ! - n'est plus à même de leur assurer ce minimum vital qui préserve leur dignité d'hommes et d'artistes, alors qu'elle se montre si prolifique pour d'autres activités plus mercantiles qui, elles, n'auront aucun mal à se perpétuer.

C'est cette amertume mêlée de nostalgie qu'il nous appartiendra de dissiper. On ne peut protéger le patrimoine oral de la place Jemâa el Fna, dans le sillage de la proclamation de l'Unesco, sans réactiver le désir de conter, sans susciter des vocations... Seul l'avènement d'une nouvelle génération de conteurs, aussi talentueuse qu'éprise d'absolu, peut véritablement garantir la survie d'un tel art.

Il s'agit d'un préalable nécessaire, impérieux, fondamental, sans lequel, toute cette culture, même reconnue, n'intéressera plus, dans quelques années, comme le soulignait Juan Goytisolo, que les anthropologues, les conservateurs de musées ou les historiens

La pyramide humaine est un grand classique des acrobates locaux. Son architecture et son organisation restent toutefois à la discrétion des participants.

Témoignages

Impossible de citer tous les auteurs ayant écrit un jour sur Marrakech et la magie de la place Jemâa el Fna. Le choix proposé dans ces pages est donc loin d'être exhaustif. Ce ne sont que des textes qui nous ont paru pertinents, pour la plupart inédits et écrits par des auteurs marocains ou ayant vécu longtemps dans le pays.

Moment fugitif.
Les fils de soie ont capté un rayon de lumière au fond de l'atelier de teinture alors que l'homme fumait. Deux secondes pas plus, juste le temps de déclencher.

" Le théâtre libéré ", Tayeb Saddiki

Jemâa el Fna est aux antipodes des antres obscurs où se tiennent muets et immobiles des spectateurs qui subissent " le théâtre ". Jemâa el Fna, c'est la fête dans le sens le plus généreux. La fête populaire en plein air sous un ciel toujours bleu. Jemâa el Fna est un théâtre libéré qui répond aux besoins d'un public populaire, dans toute sa spontanéité et toute sa fraîcheur d'esprit. Le théâtre ou plutôt ces différents théâtres ont contribué et contribuent toujours à créer et recréer un théâtre national. Toutes les recherches que nous avons entreprises depuis 1965 sont liées à Jemâa el Fna depuis la création de Dîwân Sidi Abderrahman en 1965 jusqu'à la fresque historique Nahnou et d'autres créations plus récentes comme Les Septs Grains de beauté. Toutes nos recherches sur les textes, le jeu des comédiens, les rythmes et musiques, sur les mises en scènes, décors, costumes et accessoires sont cautionnées et provoquées par Jemâa el Fna. Nous considérons ces éléments comme nécessaires au théâtre de création pour la bonne raison que ce sont là les racines populaires qui sont le point de départ des futures expériences.

Les deux cercles, Élias Canetti

Ce sont les conteurs qui attirent le plus de monde. Autour d'eux se forment les cercles d'auditeurs les plus nombreux et les plus fidèles. Leurs récits durent longtemps. Les auditeurs s'accroupissent en un premier cercle sur le sol et ne se relèvent pas de sitôt. D'autres, debout, forment un deuxième cercle. Ils bougent à peine, fascinés, suspendus aux mots et aux gestes du conteur. Ces derniers vont souvent par paire, chacun récitant tour à tour. Leurs paroles viennent de plus loin et restent plus longtemps suspendues dans l'air que celles des hommes ordinaires. Je ne comprenais rien, et cependant je restais debout, à portée de leur voix, toujours également ensorcelé.

Dialogue, de Carlos Fuentes et Juan Goytisolo

Après une promenade sur la place, Carlos Fuentes et Juan Goytisolo échangent ces propos :

" Je sens que j'ai reculé d'un demi-siècle dans le temps ", ai-je dit à Marrakech à Goytisolo quand nous avons pénétré tous deux sur la place de Jemâa el Fna.

" Non, m'a répondu le romancier espagnol, nous avons pris une avance de cinq cents ans. " C'est Goytisolo qui a raison. La vie variée et fascinante de Marrakech est une préfiguration du monde métis du siècle qui va commencer. Recueillir les voix de ce monde c'est écouter celles de nos descendants dans un millénaire qui sera métis ou ne sera pas.

Place de l'extinction, Gamal Ghitany

Je me suis éloigné de la place Jemâa el Fna, mais j'ai gardé ses détails en moi : les halqas, les spectateurs, les badauds, la musique, les chansons, les poèmes, les cercles de lutteurs, la comédie, l'élucidation des rêves, les prêches édifiants, les plantes médicinales, les signes reconnaissables ou obscures, les mots saccadés, les traits contractés, le sérieux simulé, l'émotion exagérée, la terre frappée parfois du poing, les gestes dans le vide, la tentation, l'intimidation, la persuasion. Dans chaque scène se trouve une image de ce qui se déroule sur l'étendue de ce monde. Et en chaque instant, un concentré de ce qui se passe, à certains moments, dans la vie de cet ici-bas vivant. Qui chante continuellement ceux qui s'y trouvent... Sur la place de l'extinction, j'ai perçu les règles du jeu.

Le marchand d'eau était distrait. Il écoutait le conteur alors le photographe l'a mis en boîte. La place Jemâa el Fna est un concentré de saltimbanques.

Echeveaux de laine, sacs d'épices, services à thé... dans le souk tout est prétexte à couleurs, formes et clinquance. Un régal pour les yeux mais aussi pour les autres sens qui trouvent ici un terrain riche en sensations.

Les paysans du bled, des montagnes et des oasis voisines viennent chaque jour vendre dans les souks leur maigre récolte. Cela suffit tout juste pour acheter l'indispensable.

Place Jemâa el Fna, Pierre Dumas (1942)

Marrakech est plus accueillante, plus ouverte à l'étranger. Au seuil du désert, au pied de l'Atlas, elle s'ouvre au grand vent qui déferle des hauts plateaux, elle connaît les horizons plus vastes et les pensées plus larges. Ici, l'islam est tempéré. Bien des Marocains ignorent que Marrakech fut, pendant deux siècles, un évêché catholique. Une semblable institution eût été impossible à Fès. Sur ce point, le chef des services des arts indigènes, M. Ricard, l'un des hommes qui connaissent le mieux le Maroc, a donné les intéressantes précisions que voici :

"Les relations de Marrakech avec l'Europe chrétienne remontent à une époque assez reculée. Cinq pères franciscains y arrivèrent en 1219 dans le but de créer un centre d'évangélisation. Ils furent d'abord accueillis avec indifférence, mais comme ils s'étaient enhardis à attaquer publiquement Mahomet, le sultan Almohade donna l'ordre de les diriger sur Ceuta, pour les renvoyer en Espagne. Trompant la vigilance de leurs gardiens, ils revinrent à Marrakech où ils trouvèrent le martyre en 1220. Cependant la tolérance fut telle à un certain moment que le pape Grégoire IX put créer un évêché à Marrakech vers 1233. Le premier titulaire épiscopal fût le frère Agnelo."

"Au début, l'évêché n'eut d'autres biens que les aumônes des fidèles, mais en 1257, peu de temps après la prise de Séville, le roi Ferdinand et ses fils firent don à l'évêché de grands territoires situés à l'embouchure du Guadalquivir et du domaine de Torre Blanca. En récompense, le pape concéda au roi d'Espagne le droit de présentation pour l'évêché du Maroc."

" Mais si le traité de 1270 qui suivit la croisade de saint Louis assura aux chrétiens le libre exercice de leur culte, il ne leur accorda pas la faculté de prêcher publiquement l'Évangile.

Après la Reconquista, le retour en Afrique des familles musulmanes d'Espagne occasionna un sentiment de rancune et de vengeance contre les chrétiens et l'évêché de Marrakech cessa d'exister au xviie siècle. Le dernier titulaire fut Don Francisco de Faria nommé par Urbain viii en 1639. L'église marocaine avait vécu trois siècles. "

Si je me suis permis de citer la brève histoire de l'évêché de Marrakech c'est uniquement pour prouver la différence de tempérament de la ville du Sud et de Fès où les missionnaires, de tous temps, étaient irrémédiablement massacrés.

Le centre de Marrakech est la " Jemâa el Fna ". " Jemâa " signifie assemblée populaire ou religieuse, place publique. Celle-ci porte un nom sinistre : " el Fna ", réunion des trépassés... C'est là que jadis les sultans cruels immolaient leurs victimes, là que la justice du makhzen exposait au peuple les têtes des criminels ou des insurgés. Aujourd'hui, il ne reste rien de ces cruautés, que le souvenir, que les légendes déclamées ou chantées sur cette même place par les marchands, les barbiers, les camelots, se bousculant dans un désordre charmant, sous un soleil implacable.

Place folle ! ont dit les Tharaud avec raison, car on y entend les cris, les jurons, les appels, les chants, les idiomes de tous les peuples. On y voit de beaux esclaves noirs, des guerriers berbères avec leur chevelure abondante et frisée, (...) des Arabes solennels, des Juifs sous leurs longues lévites noires et leurs petites calottes...

C'est vraiment une djema, une assemblée populaire de tout ce que le Maroc compte de races hier opposées et batailleuses, réconciliées aujourd'hui sous la garde française.

Du miel à profusion qui colle aux mains, au papier et à l'étal. De la pâte d'amande qui fond sur la langue. Des beignets qui croquent sous la dent. La pâtisserie marocaine est tout sauf régime !

Les escargots locaux sont bouillis avec une sauce légèrement épicée. Provenant de la palmeraie, ils sont une friandise pour les marocains.

Dominant la fourmilière humaine, la Koutoubiya célèbre porte dans le ciel, au sommet de ses soixante-dix mètres, le souvenir d'une puissante dynastie.

De loin, la tour semble normale, bien assise, certes, mais de proportions moyennes. De près, elle écrase les mortels sous ses sept étages édifiés en pierre rose. C'est l'œuvre d'un sultan qui fut à la fois architecte et conquérant, d'un monarque à qui le Maghreb et l'Espagne doivent leurs plus beaux monuments : Abou Yakoub.

La Koutoubiya est à ce point célèbre qu'on en a reproduit l'aspect sur les timbres-poste du protectorat. C'est un des maîtres monuments de la capitale rouge.

Tandis que l'islam victorieux élevait la Giralda de Séville, ici des milliers d'esclaves chrétiens construisaient ce prestigieux ensemble. En considérant la tour aux sept étages, on devine à peine ce que devait être la salle des prières, la mosquée proprement dite avec ses patios pour les ablutions et les sacrifices.

Toutes l'histoire de Marrakech s'est déroulée autour de la Koutoubiya. Jadis mosquée des libraires dont les petites boutiques l'enserraient, elle devint successivement un lieu de pèlerinage pour tous les étrangers et enfin une place de guerre dont on voit encore aujourd'hui les murs crénelés et les remparts. Allah ne l'a d'ailleurs pas abandonnée complètement puisqu'un muezzin l'habite encore pour solliciter la prière des passants.

Comme pour tous les sites pittoresques, comme pour toutes les mosquées célèbres, des centaines de légendes courent dans le peuple sur la Koutoubiya. Elle formeraient un livre. Recueillies et retransmises amplifiées par les conteurs arabes, leur nombre et leur valeur s'accroissent de jour en jour. La Koutoubiya est certes une merveille, mais les indigènes n'ont donné ce qualificatif qu'au palais, aujourd'hui ruiné, élevé par un des plus fameux entre les sultans : Ahmed El Mansour.

Situé au cœur même de la ville indigène, cette place offre un spectacle des plus pittoresques, tout particulièrement à partir de quatre heures du soir. C'est une foire perpétuelle où le matin commerce une multitude de petits marchands. L'après-midi c'est un vaste cirque aux innombrables attractions : charmeurs de serpents, acrobates, jongleurs, conteurs, danseurs chleuhs, musiciens... attirent des masses de curieux qui forment à leur entour des cercles bigarrés.

" Jemâa el Fna " signifierait " réunion des trépassés " selon certains, " mosquée du sacrifice " selon d'autres, et tiendrait cette appellation des exécutions dont elle était autrefois le théâtre. Il n'y a pas trente ans encore le " maghzen " y laissait exposer fréquemment des chapelets de têtes de rebelles.

La muraille en pisé qui entoure Marrakech se déploie sur plus de 19 km. Erigée vers 1125 et flanquée de plus de deux cents tours, elle abrite la médina de ses murs hauts de 8 m.

Remerciements

Nous tenons à remercier ici toutes les personnes qui ont collaboré à la réalisation de cet ouvrage.

Antoine Lorgnier, *Photographies pages :*
2, 8, 17, 18, 20, 32, 34, 37, 40, 44, 46, 64, 65, 73, 74, 77, 80, 82, 84, 85, 88, 92, 95, 96, 97, 100, 104, 107, 108, 109, 113, 114, 119, 122, 127.
Charles Rossignol, *Photographies pages :*
14, 22, 24, 28, 29, 39, 48, 54, 56, 60, 62, 68, 70, 86, 90, 110, 120.
Hassan Nadim, *Photographies pages :*
1, 6, 10, 12, 26, 27, 30, 31, 33, 36, 37, 42, 47, 50, 51, 52, 53, 55, 57, 58, 59, 66, 67, 71, 72, 76, 78, 87, 89, 93, 94, 99, 102, 116, 128.
Charles Ouvrard, *Dessins*
Pierre Dumas, *Le Maroc, B. Arthaud, 1942.*
Juan Goytisolo, *Makbara, Le Seuil, 1980.*
Élias Canetti, *Les Voix de Marrakech, Albin Michel, 1994.*
Gamal Ghitany, *in Horizons maghrébins, Toulouse - Le Mirail.*
- l'Association Place Jemâa el Fna, Mustapha Zine, Juan Goytisolo, Tayeb Saddiki, Hamid Triki, aux conteurs de la place Jemâa el Fna, au Carrefour des Arts qui a mis à notre disposition les ouvrages anciens, à l'Institut du Monde Arabe, Paris, et à la société Etapes Nouvelles.

Imprimé en Italie
Conception et réalisation : Pressvoyages
Impression : Officine Grafiche Novara 1901

Dépôt légal : 2004
ISBN 2-8313-0380-X